Andreas Jesch
Dr. phil. Martin Jesch

Herausgegeben von Andreas Jesch

Damals wie heute

Lyrik, Prosa und Anderes

Vom Großvater und Enkel

72 Gedichte und einige fotografische Aufnahmen

Besonderen Dank gilt meinem Vater, Gerd Jesch, für die Hilfe und
das vertrauensvolle Überlassen der Gedichte meines Großvaters.

AF140550

FSC
www.fsc.org
MIX
Papier aus ver-
antwortungsvollen
Quellen
Paper from
responsible sources
FSC® C105338

Herstellung und Verlag:
BoD – Books on Demand, Norderstedt
ISBN 978-3-7322-4736-3

Inhalt
Dr. phil. Martin Jesch

Andreas Jesch

CHRISTUS

(verfasst Ende Januar 1919 in Jena)

Schreite noch einmal über die Erde
heiliger dornengekrönter Held,
mahne die Welt, du treuester Gefährte
eh' Sie dem irrenden Wahnsinn verfällt.

Ströme noch einmal die göttlichen Lehren
tief in die dürstenden Seelen hinein;
erst deiner Liebe hohes Begehren
könnte der Menschheit den Frieden verleihn.

Wehe! Sie haben Sie schlecht verstanden,
deine Sehnsucht vor läuternder Glut,
da Sie suchten – verwirrt und in Banden-
erdfern zu deuten dein seliges Gut.

Doch du konntest mit reinen Händen
schaffen die neue, erhabene Welt,
konntest weihendes Licht Ihnen spenden,
dass ihre leidvollen Augen erhellt.

Aber es trieb in den alten Bahnen
weiter den Haufen sein Sklavengeschick,
deine Wahrheit dunkel erst ahnen,
liess sie vom Kreuze dein sterbender Blick.

Wahrlich, du kamst nur für jene Seelen,
die in unendlichen Sehnen vergehen,
die sich in schmerzvollem Ringen zerquälen,
aufzusteigen nach reineren Höh'n.

O noch einmal kehre uns wieder,
sammle nur einmal noch deine Schar.
Sieh, es erwarten den segnenden Hüter
reinere Flammen auf deinem Altar.

ABEND

Abendglocken schwingen leise
in melodischem Gesang;
eines Vögleins müde Weise
klingt so eigen sehnsuchtsbang.

Hör' am schmalen Stege rauschen
Waldentflohn ein Bächlein klein.
Meiner Kindheit nachzulauschen
Lädt sein Ufer tröstlich ein.

Abendfrieden, schliesse milde
Aller Seelen Wunden zu !
Einst in deinem Gnadenbilde
Find't mein Herz wohl auch die Ruh.

ABENDWUNSCH

Ein Vöglein sang im grünen Hang
Von Lenzesduft und Maientag,
und ich ging in den Bäumen hin
in stillem, traumverlornen Sinn.

Der Sonne goldener Abendstrahl
Sich zitternd durch die Wipfel stahl.
Ein leises summen zu mir drang
und lockt' wie Heimatglockenklang.

Ich ging den sanften Tönen nach,
und bald vor meinen Blicken lag
so wunderstill ein friedlich Tal,
vom Kirchlein kam der Glockenhall.

Die Glocken hatten einen Toten
den Abschiedsgruss der Welt entboten.
Nun schwiegen sie; ein milder Wind
Strich über Wies' und Wald gelind.

Und ahnungsvoller, stiller Frieden
zog leiss in mein Herz mir ein.
O könnt' dereinst ich von hienieden
(auf dieser Erde, im Diesseits)
auch scheiden so beim Abendschein !

Dass mich noch einmal dämmernd grüsse
Die ganze Schönheit dieser Welt
Und wonnetrunken dann sich schliesse
Das Aug' , von innerem Glanz erhellt.

AHNEN

Ist's ein Wissen, sind es Träume,
was mich ahnungsreich erfüllt?
Ist's ein Leuchten ew'ger Räume,
das mich segensmild umhüllt?

Schwankem Lose zu vertrauen,
reizt mich nicht nach Knabenart,
und ein Felsenziel zu schauen,
bleibt noch meinem Aug' verwahrt.

Banges Zögern, zages Prüfen
leitet vor nicht, noch zurück;
und es schaut des Lebens Tiefen
nur der trübverhang'ne Blick.

Doch mir sagt ein gläubig Hoffen
Auch bei Nacht und Erdentod;
Einst sind alle Tore offen;
Über Sternen Morgenrot!

AM LEBENSTROME

Über meinem Lebensstrome
Seh ich goldne Sonnenstrahlen,
die den übermüt'gen Wellen
klare, kleine Krönlein malen.

Wenn die frohen Wellengipfel
mir auch alle rasch zerstieben,
sind die blanken Diademe
doch in Versen dageblieben.

Munter lass' ich so mein Leben
rinnen auf gewies'nem Pfade.
Ueber all dem Wunder leuchtet
Eines treuen Gottes Gnade.

(Jugendichtung, etwa 1921)

AM MEER

(Dithyrambus) ein Hymnos zu Ehren des Gottes
Dionysos

Wer das Meer sah, preise sich glücklich !
Er schaute der Welt tiefer ins Herz,
spürte erhebener ihre Dreieinigkeit:
Himmel und Wasser und Land,
Kräfte untrennbar vereint.

Dieses erhabene Bild löst dich aus der Enge und
Nacht.
Hinter dir bleiben Schwäche und Angst;
höher hebt dich ein Schwung
über den Alltag hinaus,
schaust du im Sonnenglanz
festlich die schimmernde Welt.

Aber bei Sturmgewalt
zittert das nächtliche Land,
brausend peitscht es die See.
Du aber bäumst dich dann auf,
trotzend dem Element.
Stählern wird dir der Mut,
wenn dich kein Gift zerstört.
In der Gewalt der Natur
Wächst auch der Mensch hoch empor.
So wie die großen Geschöpfe
sich mächtig zumGanzen vereinen,
schaffe auch du, Mensch, dein Ziel
einst mit geeinigter Kraft!

AM MORGEN

(Ranspach 28.V.1945 früh in der freien Natur)

Ich hab' mein Herz in deine Hand gebettet,
mein ganzes Sein will nur in dir bestehen,
nur du allein hast mich vom Tod errettet,
und neu durft' deiner Sonne Licht ich sehn.

O Vater, lass nun nicht in Kümmernissen
Erlöschen meiner Seele Glaubenskraft,
da Neid und Hass mir neue Wunden rissen,
bestärke mich in deiner Ritterschaft.

Lass Krankheit, Not, Verleumdung uns bestehen
Und nimm uns ganz in deinem Frieden auf;
dein Werk zu fördern gib aus Lichtes Höhen
uns deinen Segen zu des Tages Lauf.

ANDACHT

Nun grüssen mich die Sterne
Mit segensmildem Schein,
da leuchtet mir von ferne
mein Ziel so klar und rein.

Das ist ein ruhig Weilen,
das mir im Herzen liegt,
als ob das Leid zu heilen
der Gott in mir nun siegt.

Als ob voll treuer Gnade
mich trägt durch Erdennacht
auf lichtbeseeltem Pfade
die höchste Königsmacht.

Als ob aus allen Engen
Unendlichkeit sich dehnt,
da meines Herzens Drängen
nach Ewigkeit sich sehnt.

So lass mich einst verwehen,
in Deinem All vergehen,
da ich aus Deinen Höhen
Dein Morgenrot gesehen.

ANKER

Nach den Sternen darfst du greifen,
wenn dein Wille heilig ist;
doch in Tränen wirst du reifen,
weil du von der Erde bist.

Weil dein höchstes Selbstvertrauen
oft ein sehnend Irren bleibt.
Letzte Klarheit nur kann schauen,
was dich nach der Heimat treibt.

Und es kann nur Segen spenden
Reinheit, die die Unrast stillt.
So im Schaffen zu vollenden
Strebe, was dein herz erfüllt !

AUSKLANG

Und als der Tag zu Ende war,
da ward es still umher,
mir aber war so sonderbar
im Herzen schwül und schwer.

Ich wusste nicht, warum mir bang,
da trat ich zum Klavier
und sah die bleichen Tasten lang.
Sie winkten leise mir.

Ich schlug sie an, der Ton entquoll;
Da ward die Seele frei.
Und in die Nacht geheimnisvoll
Entwich die Melodie.

BERGESLUST

Wie strahlt mir so golden der Morgen,
wie duftet es taufrisch im Wald,
wo unterm Laube geborgen
lichtfroher Vogelsang schallt.

Oh lasst zur Höhe mich steigen,
hin über den Erdenwust!
Es grüßt in erhabenem Schweigen
Mich heilige Bergeslust:

Hier löst mich von Sorgen und Lasten
Die freie Bergesnatur.
So fluch' ich dem Alltagslasten
und suche die göttliche Spur.

BERGFREUNDSCHAFT

Wieder hüllen deine blauen,
märchenhaften Dämmerschleier
dich in traumhaft süsses Grauen
ein zu stiller Abendfeier.

Jahre sind ins Land gezogen,
seit du Heimat mir gewesen.
Ferne Lebensbilder trogen,
möchte nun bei dir genesen.

Mahntest einst den stolzen Knaben,
hoch empor wie du zu steigen.
Und nun liessen Schicksalsgaben
Seinen Blick ins Tiefe reichen.

Sah dich abendgolden glühen
Und in Sternennacht dich blauen,
sah von Morgenröte sprühen
deinen Fels, den altersgrauen.

Ewig ferne Sphären spenden
Sonnengold und Regenschauer
dir, und mir aus güt'gen Händen
Menschenglück und Erdentrauer.

Lehre nun ein letztes Wissen
einem, der dir treu geblieben:
Lass, wie du, mich still geniessen
Glück und Leid bei innrem Frieden.

BERGWINTER

Bin zu früher Morgenstunde
Heute auf dem Berg gestiegen,
sah in schimmernd weisser Runde
mir das Land zu Füssen liegen.

Über Nacht war Schnee gefallen,
und es deckten zarte Schleier
ferne Höhn mit lichtem Wallen
wie in jungfräulicher Feier.

Träumend schläft der Schoss der Erde,
und es ruhn die ew'gen Kräfte,
bis der Frühling ruft sein „Werde! "
und erweckt die jungen Säfte.

Und dann hebt ein duftend Blühen
Wieder an in Berg und Tale;
Süsses, holden Lebensglühen
Unterm weiten Himmelsaale.

Reine, unentweihte Weisse!
Meine Seele will dir gleichen,
dass auch sie im Lenze leise
mag dem Himmel Blumen reichen.

DEM LICHTE ZU

Ich weiss, was dir beschieden,
willst sonnenwärts du gehen;
es ist so schwer, hienieden (auf dieser Erde)
zum Lichte auferstehn.
Man muss so lange schreiten
trostlos durch dunkle Nacht,
in der zu allen Seiten
Dämonenspuk erwacht.

Und dennoch lebt in allen
ein Fünkchen Heimweh noch.
Wenn vor dem Ziel wir fallen,
zum Lichte gehen wir doch.

DER MENSCH

In schweren und langen
Tagen und Nächten
mit Hoffen und Bangen
den Dämon knechten,
der frech verlangt nach deiner Krone! –
Nur ringe dich durch zu seligem Lohne!
Du wandelst auf lichtesbeseelten Bahnen
Und lernst im Leide die Gottheit ahnen.

DER WEG AUS NOT UND EINSAMKEIT

Das nenne nicht dein Verderben,
dass Kummer und Not zu dir kam;
dass du so müde zum Sterben,
das machte dich flügellahm.

Dem, der nicht sein Herr mag bleiben,
das Schicksal nur Knechtslohn zahlt.
Wer willenlos sich lässt treiben,
den beugt sich der Nacken gar bald.

Das eine nur brauchst du zu haben:
ein Ziel über dich noch hinaus;
dann tragen dir himmlische Gaben
unsichtbare Hände ins Haus.

DES LEIDES GOLDNE SCHALE
(Jugenddichtung)

Und schlug dich Zweifel nieder,
weil alles dich verliess;
sei stark! Noch tagt es wieder,
das Abendbrot verhiess.

Des Leides goldne Schale,
sie ist für dich und mich,
sie trägt vom ew'gen Grale
ihr Leuchten innerlich.

Du willst die Augen schliessen,
die Schmerz verblendet hat;
doch nur aus Leid mag spriessen
erlösungsreife Saat.

In Nächten wird geboren
der Hunger nach dem Licht.
Nur der ist ganz verloren,
der selber sich zerbricht.

DIALEKTIK „ MENSCH „

Was ist der Mensch? – Doch oft genug
nichts andres als sein Widerspruch.
Sein Anfang liegt in seinen Zielen;
er ist der eine, ist die vielen.
Aus seiner Wünsche Widerstreit
erwächst sein Reich der Wirklichkeit.
Her führt sein Weg aus Kampf und Not,
aus hartem Ringen um das Brot.
Das lenkt ihn oft auf steiler Bahn
zu lichten Höhen hoch hinan,
auch mancher grausig tiefe Schlund
reisst jählings ihn hinab zum Grund.
Zerschmettert blutet sein Gebein
dann gar zu fern der Sonne Schein.
Doch nur im Wellenspiel der Lust,
des Leides wird er sich bewusst
der formenden Gestaltungskraft,
mit der er neue Welten schafft. –
Er ist die Möglichkeit zu allem:
in ihm will Gott sich selbst gefallen.

DIE ALTEN AUS DER VORSTADT

Dort, wo die Stadt zu Ende geht,
im Osten vor den Toren,
wo Garten dicht bei Garten steht
und sich der Lärm verloren,

dort konnt' ich aus der Vorstadt sehn
die Alten treu sich führen,
wenn sie am Abend sich ergehn
und Frieden zweifach spüren.

Ihr Reden floss in Sanftmut hin,
so milde, wie hoch oben
im fernen Blau die Wölkchen ziehn
aus Licht und Hauch gewoben.

In Ihren guten Augen lag
Geduld und viel Entsagen,
wenn dann und wann ein Lächeln sprach
von fernen Jugendtagen.

Ein tiefer Wunsch war's, der mir kam,
mein Leben einst zu enden
den Alten gleich, die ohne Gram
der Jugend Güte spenden.

ENDE EINES TRAUMES

(Zu dem Gemälde von L. Riedel, La fin d' un re ve)

Hier hab' ich geträumt den süssen Traum
In der schimmernden Rosenlaube.
Da schwand er dahin in fliehenden Schaum,
verloren sind Hoffnung und Glaube.

Es ist ja entschieden, und alles ist aus,
die seligen Bilder zerronnen.
Nun will ich wieder auf's Meer hinaus
und segeln nach fernen Sonnen.

Noch einmal dein liebendes Auge
wollt ich schauen – und gehen
und weiter wandern zur Ferne,
weit über Berge und Seen.

Mit leichtem Gepäck will ich ziehen,
mein Herz ist so schwer ja, so schwer. –
Wenn wieder die Rosen blühen,
trennt uns ein Weltenmeer.

FRIEDHOF IM MORGENSTRAHL

Weihnachtliche Rauhreifschleier
wob in ernsten Friedhofsbäumen
windesstille Morgenkühle.
Licht! - - ich fühle:
wie ein sturmzerronnen Träumen
lächelst du in sanfter Feier.

Dass dich meine Seele fasse,
trinke und in Leben webe,
Bild der Reine, - dass der Gottheit
Ich in dir entgegenschwebe!

Tor zu nie geschauten Fernen,
Ort der Lösung, Weihestätte,
Erderstandenes errette,
denn es grüsst aus hohen Sternen
lichter Freiheit heil'ges Wehen,
dass die Seelen zitternd stehen
und gebrochne beten lernen.

Strahl des Heils, gib müden Seelen
deines Friedens sich're Schwingen;
sel'ge Reinheit zu erwählen,
mag ihr Heimflug still gelingen!

GEBET

Eines hat er nicht errungen,
seiner Seele Himmelsfrieden;
wenn die Weltenlust bezwungen,
eingelullt den Wegemüden.

Lass in Kämpfen fest mich stehen,
dass ich aus des Chaos' Sünde
nach den heilig sel'gen Höhen
immer mich zur Heimat finde.

GEBURTSTAGSGRUSS AN HARALD
(zum 06.06.1962)

Weißt Du auch, wie reich Du bist?
- Überreich an Sorgen
und an Müh'n zu jeder Frist,
aber auch geborgen
in der Liebe holdem Schrein.
Bleibst Du nur beständig,
wirst Du dauernd glücklich sein
und dein Licht nicht wendig.

HEIDELIEB
(Jugendimprovisation, 1914 komponiert)

Da draussen auf roter Heide,
da steht ein einsames Haus,
da schaut mit blauen Augen
ein wundersam Mägdlein heraus.

Sie schaut nach der Abendsonne
und singt ein rührendes Lied, -
ich fühle mit Schmerz und Wonne,
für wen ihr das Herz erglüht.

O hätten wir nie uns gesehen! –
Ich muss ja noch wandern heut
und darf auch nimmer im Gehen
mich wenden nach deinem Leid.

HEIL'GE STUNDE

(zu dem Gemälde von L. Fahrenkrogs, Die heilige
Stunde)

Die Blumen der Auen, die grünenden Wiesen,
Waldtäler voll lebenden Odems Duft,
sie liessen im Taubad den Schmutz von gestern
und trinken die lichtgoldne, warme Luft.

Voll Demut erfüllt und des Himmels Gnade,
der heiligsten Schönheit enthüllte Pracht.
Erschüttert, beseligt und wonnetrunken
befreit uns des göttlichen Lichtes Nacht.

O seht doch, es sinken die weissen Schleier,
verklärt steigt die Sonne zum Firmament.
Sie leuchtet voll Gnade aus reinem Glauben
ins Herz, das in flimmernder Liebe brennt.

Es lockt uns das ewige Ziel von ferne,
nicht hinter euch liegt, was euch besser macht,
der göttlichen Liebe nie müdes Sehnen
zieht machtvoll empor aus der irdischen Nacht.

Erlöst sind die Augen und nachtentbunden,
wir tauchen hinein in die Sonnenflut.
Es segnen des Maimorgens heil'ge Stunden
des seligen Werdens erhab'ne Glut.

HERBSTLIED

Farbige Pracht im Sonnenlicht.
Wieder trägst du ein neues Gesicht
stiller Anmut, Natur,
Äste neigen sich früchteschwer,
Erntetage gehen daher
auf gesegneter Spur.

Freudige Wehmut schimmert im Tau
deines Morgens, herbstliche Au'
Blätter schaukeln im Wind.
Was du der nährenden Erde vertraust,
nun als Erste dein Auge erschaut,
ehe ein Jahr verrinnt.

Bangendes Sorgen leise entwich,
Tagzeit wendet zum Abend sich,
grüsst dich mit goldenen Schein. –
Über den Sternen ein heiliger Sinn
segnet der Erde Kämpfe und Müh'n,
frei im Licht einst zu sein.

HÖLLE ODER HIMMEL

Jeder hat nun mal den Fimmel
und steigt in den Ehehimmel
denn ein Leben ohne Narrheit
bringt auch keine rechte Klarheit.

Mensch du hast dein Los in Händen.
Tu es lieber nicht verschwenden
such' schon deinen richt'gen Partner!
Hast du's nicht, dann lieber wart'ner!

Aber hast du ihn gefunden,
wag' den Sprung, den sehr gesunden,
dass dir Seligkeit gelinge,
selbst wenn's durch die Hölle ginge.

IDEALISMUS

Es ist dein Glaube, der siegesfrohe,
der dir erleuchtet die düstere Bahn,
es ist die heilige Feuerslohe,
sie glüht aus der Brust dir den nachtbangen Wahn.

Es ist der Mut des Kämpfers in Schlachten,
die wild durchrasen dein Mark und Bein;
es ist dein beständiges Lichtwärtstrachten,
ein Funken der göttlichen Klarheit zu sein.

Du suchst den Ewigen, Namenlosen
und schaffst seines Werdens lebendiges Bild
und bist in des Chaos' wütendem Tosen
von seiner keimenden Urkraft erfüllt.

So mag auch keine der grausigen Mächte
Erstarrender, trüger Erdennot
entweihen der Freiheit selige Rechte,
die selbsterrungener Himmel dir bot.

IM LICHTSCHEIN DES ADVENT UND WEIHNACHTLICHES WIEGENLIED

Durch die dunklen Tage des November kommt fernher ein Licht heran.
Das geschieht in der sonnenärmsten Jahreszeit.
Du musst schon selbst in der Nacht stehen, wenn du es recht sehen willst.
Irgendwie musst du eine ehrliche Wunde haben, einen Schmerz empfinden, ein Leid tragen, wenn du – in der Tiefe der Seele aufgeschlossen für die grossen mannigfachen Schicksalsmächte dieses Erdendaseins – die erlösende Weihe des Lichtes spüren sollst.
Leiderfahrende, Schmerzgeprüfte, heldisch duldende und kämpfende Menschen gelangen zum tieferen Ernst, zum reicheren Sinn unseres Erdendaseins.
Wer in diesen menschlichen Erdentagen nur wenig nachtbange Sorge ertrug, der kennt auch nur spärlich die geheimnisvolle Leuchtkraft inneren Lebensglücks.
Niemand hält den göttlich warmen Strahl des unbeirrt nahen Lichtes auf.
Keiner kann sich entgegenstellen.
Aus einem Adventssternlein werden allgemein zwei, drei, vier und schliesslich das fromme Lichtermeer des immer grünen Christbaumes mit seiner herzensfrohen Botschaft: Gedenke in Liebe deines Nächsten, so wie Gott deiner gedacht hat, als er ihn, den Einen, schickte.
Dieser Eine, der Christ Gottes, sprach das Wort Liebe und – sein Wort wurde Wirklichkeit in seiner Tat.
Nur dass nicht im Palast, sondern im Stall seine Krippe stand.

Mit dem ersten Adventslicht kommt auch ein
Klang, ein Schwingen aus unbegreiflicher Höhe,
aus einer göttlichen Reinheit zu uns.
Noch hörst du's nicht mit dem gröberen
körperlichen Sinn.
Aber leise schauernd schwingt ein Erinnern um
dein Herz, das Erinnern an Liebe, traute
Weihnachtslieder von dorther, wo du nicht bist.
Und du blickst wieder staunend, ungläubig –
gläubig, demütig bei allem Erdenstolz nach dem
Himmel, der sich zur Engelbotschaft den einfachen
Hirten eröffnete, und nach jenem kleinen Stall von
Bethlehem, in dem lieblich leise von der Erde Weh
und Seligkeit klingt weihnachtlich das Wiegenlied:

Schlummerst so süss, o holdester Knabe.
Vom Paradies uns heiligste Labe
bringst du hernieder, licht wird unsere Nacht.
Engel Maria hält treue Wacht.

Selig , wer dir in Liebe ergeben!
Schliesse die Tür zu reinerem Leben
uns in den Tiefen der Seele auch auf,
dass wir dir folgen heim und hinauf.

KRONENWEG

Habt ihr die alte Sage vernommen?
Es liegt eine goldene Krone begraben
auf steilem Berge. Ihr Glanz wird laben
den Jüngling, der gläubig die Höhe erklommen.

Den Wanderer hättet ihr sehen sollen
beim Aufbruch: stark, mutig und jung zumal.
Ihn schreckte kein Blitz noch Donnergrollen;
dem schufen nicht Regen noch Schneetreiben
Qual.
Im Gegenteil! Trieben die Wetter recht toll,
dann war er erst wilder Freude voll
und hat in den brausenden Sturmwind gelacht,
als sei ein Echo in ihm erwacht.

In dem dürren Gerippe am Wegessaum
erkennt man die Menschengestalt jetzt kaum.
So endet das Lied. – Doch lasst euer Klagen;
der hat mehr Freude als ihr ertragen,
in dem stak ein geselliger Sonnenkeim,
er zog ja nach Wolkenkuckucksheim. –
Nun ist er daheim, nun ist er am Ziel;
das denkt sich jeder wie er will.
Er selber, der da wie ein Hund krepiert,
wusst' besser, wie hoch ihn sein Ziel geführt.
Ihr „Menschenfreunde", das war seine Sünde,
dass im Herzen er blieb gleich einem Kinde.
Er hat die Nächsten, die Brüder so lieb,
bis ihm selber kein einziger Bissen mehr blieb.

Einem Blinden am Wege lieh er den Stock,
einem frierenden Armen schenkt' er den Rock.
Sein Gesicht hielt dabei ein Lächeln umfangen,
als habe er selbst die Gabe empfangen.
Es kannte sein Auge nicht Ekel noch Harm
Und er war doch selber so bitter arm.

Ich stehe und falte sinnend die Hände:
„Mein müder Wanderer, nun bist du am Ende.
Das Mutterherz, das dir einstens geschlagen,
möchte' nimmer den wehen Anblick ertragen.
Doch grüsst in Gnaden Gottvater die Jünger.
Dir wurde auf schimmerndem Winterschnee
ein weisses Lager aus lichter Höh."
Ich füge zusammen die steifen Finger.

Nun beten die starren Hände, die frommen:
„Es liegt eine goldene Krone begraben
auf steilem Berge. Ihr Glanz wird laben
den Jüngling, der gläubig die Höhe erklommen."

LICHTGLAUBE
(Jugenddichtung)

Auch wenn ein trüber Morgen
sich niedersenkt wie Blei;
nur einmal lass die Sorgen
und einmal lass dich frei!

Lichtgoldne Träume neigen
sich leichter deinem Sinn,
wenn düstere Nebel schleichen
am grauen Himmel hin.

Es tragen starke Schwingen
der Sehnsucht dich empor,
wenn, nieder dich zu zwingen,
die Umwelt sich verschwor.

Doch nur ein fest Vertrauen
erzwingt der Sonne Sieg;
du wirst ein Wunder schauen,
wenn nur der Zweifel schwieg.

LICHTGRÜSSE

Wollt ihr mein Herr mir schmücken,
schmückt es mit Blumen und Main.
Froh in stillem Entzücken
trink' ich den Frühlingsgruss ein.

Denn die Blumen, die lieben,
weckte das Himmelslicht.
Seht, es ist Ihnen geblieben;
leuchtend hervor es nun bricht.

Tief in den Blumenaugen
schimmert ein Sonnenblick;
lasse mein Herz nun tauchen
still in dies Blumenglück.

Lass meine träumende Seele
schweben auf sonniger Au' ;
dass sie kein Schmerz mehr quäle,
kühle sie Morgentau.

Kühle die schimmernden Tränen,
wehe vom Herzen das Leid.
Sonniges Morgensehen
frohfromme Kräfte befreit.

LIED IM VOLKSTON
(Improvisation, frühe Jugenddichtung)

Und als der Wonnemonat kam,
wie schlug mein Herz so froh!
Feinsliebchen war so wundersam,
so lieblich anzuschauen,
      ihr strahlendes Auge, ihr schimmerndes
Kleid
      im sonnigen Blütenschnee
      ich küsst' es in kindlicher Seligkeit,
      ich küsst' es mit Wonne und Weh.

Und als der duftende Sommer kam,
die Ähren neigten sich schwer;
Feinsliebchen war so wundersam,
so glücklich anzuschauen,
      die holde Gestalt, sehnsüchtig und bang
      im goldenen Abendstrahl;
      den lieblichen Mund, die rosige Wang',
      wie deckt' ich mit Küssen ohn' Zahl.

Und als der wehende Herbstwind strich
hin über die Äcker all,
da musste ich weinen bitterlich:
mein Herzlieb war ja tot.
Im weissen, weissen Linnengewand
      Sie ruhte auf dunkeler Bahr';
      Da hat mir im Herzen ein Weh gebrannt,
      das fühle ich immerdar.

LOSUNG
(Jugenddichtung)

Du musst nicht betteln und fragen
nach Liebe und Liebeslohn
und darfst nicht zittern und zagen,
wenn Treue und Glauben entflohn,
und sollst nicht klagen und weinen,
wenn ein Ideal dir zerbrach.
Die Scherben werden sich einen
am letzten, am jüngsten Tag.

Solange des Lebens Funken
die Bahnen zum Lichte dich weist,
ist Gott nicht in Dämmer versunken
und hält dich der schaffende Geist.
Trotz Erdenqual und Verderben,
o halte die Seele ihm rein!
So magst du die Krone erwerben,
Lichtjünger des Ew' gen zu sein.

MAHNUNG UND TROST

(in schwerer Kampfzeit für Elfriede zum 24. April 1957)

Und wenn Du streng mich fragen willst,
ob ich mich auch bewähre,
so weiß ich, dass Du mich erfüllst,
mein Gott, mit Deiner Lehre.

So weiss ich, dass ich nicht allein
mit meinem kleinen Lichte
dem Neid werd' ausgeliefert sein
und menschlichem Gerichte,
so weiss ich, dass in Deinem All
Gerechtigkeit muss siegen,
und dass zuletzt der Feinde Schwall
muss Deiner Kraft erliegen.

Lass mich im Herzen bei Dir sein,
und sei Du mein Berater,
dann fürcht' ich nicht der Lüge Schein,
durch gestärkt, mein Vater. –

Danach darf ich zum schönen Ziel
In Deiner Liebe blühen.
Sind auch um mich der Wolken viel,
Du lässt vorbei sie ziehen.

MAILIED

Es geht ein neues Blühen
froh durch die ganze Natur,
und an dem Himmel ziehen
Weisswölkchen im blauen Azur.

Und goldene Fluten ergiessen
von strahlenden Himmelslicht
sich über Auen und Wiesen,
aus denen ein Duften bricht.

Ein lebenerweckendes Wehen
durchraunet so Wald wie Feld,
als hörte man Engel gehen:
`s ist Mai, `s ist Mai in der Welt.

MASKE
(mehr improvisiert als erlebt)

Heut' hab' ich manch lustiges Liedel gespielt,
und sie haben gar wacker gesungen
und haben es nimmer geahnt und gefühlt,
dass im Lärm ich mein Weh nur bezwungen.

Sie meinten, ich sei ein fröhlicher Knab',
und ich hab' auch gelacht und getrunken;
und doch sprühte der Dolch, den im Herzen ich hab'
diese gleissenden, schillernden Funken.

Ihr habt nichts gemerkt, Gott sei es gedankt,
welche Schmerzen mich wild durchbrausen,
wie der Boden mir unter den Füssen gewankt;
fürwahr, es schüfe euch Grausen.

So aber schlang ich um euch ein Band,
aus Lust und Freude gewoben;
und blieb euch mein Inneres auch unbekannt,
so musstet mein Werk ihr doch loben.

MISSIO HUMANA

Unholdes Wirken nachtschwangerer Nächte
will deinen heiligen Lichtdurst schwächen,
will deiner Seele die Krone zerbrechen,
will dir dein inneres Heiligtum schänden,
will dein Herz noch zum Hassen verblenden,
dass deiner Seele den Erdentod brachte.

Tiger lass wüten. Die Bestie muss toben,
muss in vernunftlosen Trieben verschmachten,
friedenlos, schrankenlos danach nur trachten,
qualvolle Lüste im Blutrausch zu stillen,
endlich verblutend am eigenen Willen.
Aber dir leuchtet dein Ziel von oben.

Denn der Mensch ist zum Tage erkoren.
Aus dem Schosse der Nacht entwunden,
soll deine Seele im Lichte gesunden.
Mensch sein heisst: aus den Fesseln des Bösen
helfen die Weltenseelen erlösen.
Siehe, in dir wird die Gottheit geboren.

MORS SALVATOR
(Jugenddichtung)

Wenn du ihn siehst, den Freund der Müden,
der sie erlöst aus banger Not,
der ihrer Sehnsucht gibt den Frieden,
dann grüsse ihn, den Heiland Tod.

Sag', wie sein Tun wir still verehren,
das auch den Schwachen lösen will;
sodass geläutert heimwärts kehren,
die früh bedacht das nahe Ziel.

Selbst jenem ist er einst willkommen,
der oft aus Freudenbechern trank
und manchen steilen Weg erklommen,
solang das Auge sonnenblank,
solang der heisse Mut erschaute
der Götter Heim im Sonnenlicht;
eh' noch der Tränen Nacht betaute
die Flamme, die das Herz zerbricht.

MOTTO

Wein des Lebens,
entsprungen dem Brunnen
erhabenen Sehens der Nacht,
geklärt im Kampfe, wie Feuer bewacht
und genährt von der Hoffnung verjüngenden
Wonnen,
sei Labetrank deines Strebens!

So trank ich ihn, so floss er mir hin
In Poesien.
Edler Leser, ich gebe
dir das, wovon ich lebe;
ein Heimwärtsziehn.

MUSIK

Schweige Rede ! –
Wie magst du wohl sagen,
wohin meine Seele
Musik getragen.

Erdfreies sehnen
nach seligen Sternen –
o Heimweh, wann wird' ich
den Heimflug erlernen.

NATURA MATER

(Nach einer Radierung von Max Klinger: An die
Schönheit)

Mit ewigen Augen, feuertrunken
Schau auf mich nieder, dein seliges Kind,
umsprüht von den heiligen Liebesfunken,
umrauscht von des Himmels brausendem Wind.

Du bist das Leben: es rollen am Strande
des Meeres nie müde Wogen heran,
kraftstrotzend ragen die Bäume am Lande;
und das hat dein herrliches Schaffen getan.

„Licht werde!" so ruft deiner Sonne Klarheit,
ich habe mein irdisch Kleid abgetan.
Du kennst keine Lüge, du bist ja die Wahrheit;
Nackt, wie du mich schufst, will ich wieder dir
nahn.

In Reinheit lass wieder mich vor dich treten,
ich werfe mich weinend an deine Brust.
O lass mich knien! In meinen Gebeten
durchbraust mich, Natur, deine Mutterlust.

Du bist meine Schönheit, bist Segen und Gnade
und hast deine Wunder mir aufgetan,
dass meine Seele gesund sich bade.
O selig vollende ich meine Bahn.

OPFER

Weiss nimmer, wie viele Tage
ich träumend und sinnend verlor,
es trugen mich Jubel und Klage
ja immer vom Ird'schen empor.

Drum schwangen der Seele Saiten
mitklingend in tiefster Brust,
so wurden mir all meine Leiden
zu Liedern und all meine Lust.

Und leichter ward mir tiefinnen,
wenn sie den Lippen entflohn;
es musste ja leise rinnen
mein Herzblut mit ihnen davon.

Allewiges Wesen, lass rinnen,
lass brausen wie Flammenstrom,
lass steigen mein Träumen und Sinnen
empor zum himmlischen Dom.

Du gossest den heiligen Funken
verzehrend in Geist mir und Blut
und machtest mich wonnetrunken
in deinem gottseligen Gut.

Hier steh' ich, dein Priester und Sänger,
o weihe mein irdisch Gesicht!
Es bringe dein Gnadenempfänger
sich selber zum Opfer dem Licht.

PER ASPERA AD ASTRA

(Lateinisch: Durch rauhe Zeit zu den Sternen. Verfasst
1919, noch in Unkenntnis des Marxismus- Leninismus)

Sie schmähen und sie lästern dich,
armes Vaterland,
und lassen alle dich im Stich,
so haben sie dich verkannt.

Von heisser Rachelust erfüllt
werden sie knechten dich,
und bis ihre wilde Wut gekühlt,
leidest du fürchterlich.

Im Kampfe warst du machtvoll und stark
und im Leiden heldengross.
Nun bist du erschüttert im tiefsten Mark;
trag würdig dein hartes Los.

Stolz und gelassen schreite hinein
in die dunkle Schreckensnacht.
Dein edles Menschentun wird dich befrein,
wenn vom Wahnsinn die Welt erwacht.

PILGERFAHRT NACH WEIMAR
(März 1932)

Wir kommen aus Norden und Süden
und steigen vom Alltag empor
und haben die Blicke, die müden,
zu suchen der Andacht Tor.

Uns führt zu dem heiligen Boden
ein Darben. Wir machten uns frei
und fühlen ob Gräbern und Toten;
ein Genius rief uns herbei.

Hier warst Du, hier bist Du noch heute;
wir kommen zu Dir wie nach Haus.
Es plaudern die alten Gebäude
So Wahrheit wie Dichtung uns aus.

Du liebtest sie, Deine Bäume
im Garten am rauschenden Fluss;
sie hüllen in sengende Träume
uns ein als lebendiger Gruss.

Hier ward uns ein Leuchten gegeben
und die strebende Menschheit geweiht.
Du lebst. Wir sehen Dich schweben
zum Tore der Ewigkeit.

Du lässest Dein köstliches Erbe
den Menschen zu Liebe und Trost.
Hilf, dass nie es verderbe,
wie's brandend die Welt auch umtost!

SKLAVEN UND SCHÖPFER

In stiller blauer Mondennacht
bin ich zu Berg gestiegen
und hab' an sie im Tal gedacht
und sah sie schlummernd liegen.

Ein Wolkenzug vom hohen Grat
liess leis hinab sich sinken.
Erstorben schien die ganze Stadt,
kein Lichtlein sah ich blinken.

So trinken sie allabendlich
Vergessenheit in Träumen,
doch wenn die Nacht dem Frühlicht wich,
dann gibt's nicht Rast noch Säumen.

Dann treibt sie ruhelose Hast,
mit trügerischen Listen
des eigenen Lebens Jammerlast
von Tag zu Tag zu fristen.

Kaum fühlen sie ihr Sklavenjoch,
die armen blinden Toren,
und ahnen nimmer, dass sie doch
dem kleinen Glück verloren.

Wach' auf, wen lockt ein Weihekranz!
Hier oben liegen Kronen.
Ein neu Geschlecht im Jugendglanz
Wird auf den Bergen wohnen.

SONNENBAD
(Impression auf dem Verandadach des Landhauses
Strassberger Strasse in Plauen 1938)

Sonnenbad ist die Medizin des armen Mannes.

Sonnenbad ist zugleich die köstlichste Medizin,
deren Wirkung ich erfahren habe.

Irgendetwas in uns, vielleicht das, was wir Seele
nennen, unsere geheimnisvollste und
konzentrierteste Lebensenergie muss von der
Sonne stammen, muss die Verwandtschaft spüren.
Sie blüht auf in vollen, warmen Sonnenlicht, sie
beginnt sich unermesslich zu weiten. Wie mit
ätherischen Flügeln kreist unser lebendigstes Ich
hinauf in den blauen, goldenen Raum. Und wie
neugeboren erblickt unser innigstes Lebensgefühl
die Dinge unserer täglichen Erde. Die bietet unser
tägliches Brot. Aber das Brot ist kein Selbstzweck,
sondern dient nur dem Leben. Und eben dieses
Leben – so empfinde ich es im Sonnenlicht –
stammt von der Sonne.

STUNDE DER FREUNDSCHAFT

Grüsse die Stunde, das einer dir nahte,
der seine Hand mit dem Herzen dir bot;
wahrlich, es findet auf irdischem Pfade
selten die Seele den Freund in der Not.

Reicht dir auch manche stolze Gabe
deiner Einsamkeit Königsnacht;
wenn ich an Freundes Treue mich labe,
leuchtet ein Licht durch die dunklelste Nacht.

Harmonieen in heiligen Schwingen
knüpfen ein Band, das zum Guten hinführt.
Höret die Saiten der Seele erklingen,
die einer Gottheit Finger berührt.

TABAKLIED

Ein Lied muss ich dichten,
ein Lied will ich singen;
Euch soll es berichten,
zum Herzen mag's dringen!

In warmer Sonne des Sommers entfaltet
die Pflanze sich üppig, und mächtig gestaltet
am Kraute das Blatt sich, voll Würze und Duft
durchzieht es als bläulicher Rauch dann die Luft.

Der Tabak ist's den mir Frauchen gezogen daheim.
Fern bin ich, doch stets ihr gewogen;
und nimmer ich meinen Sinn von ihr wende.
Wie regt sie lieb schaffend die fleissigen Hände!

In düstersten Zeiten, in Not und in Sorgen
betraten vereint wir manch dunkelen Morgen;
und wenn ich entfernt hier mein Werk jetzt verrichte,
so streben wir dennoch gemeinsam zum Lichte.

Da kommt ein Paketchen, die labende Sendung,
der Sorgenbrecher; er bringt mir die Wendung
Vom Trübsinn, und heiterer werden die Stunden,
bald hab' ich im Traum mich nach Hause gefunden.

Dies Heilkraut soll immer mir blüh'n und gedeihen,
dass unter dem Dache die Blätter sich reihen
zu langer Zeile, von Farbe wie Gold.
Auch hellgrün schon find' ich sie schmackhaft und hold.

Es labt uns heut nimmer ein edeler Wein,
wir büssten die herrliche Gabe ganz ein;
der Tabak jedoch ist als Tröster geblieben.
Wollt ja nicht die nächste Sendung verschieben!

Dies, meine liebe Lucie, dichtete ich am 20. Juli 1947 in Erfurt
für Dich zur Beherzigung.
Dein Martin

TAU

Ich sah die Sonne sich spiegeln
an Tannennadeln im Tau.
Das Strahlen drang mir zu Herzen;
da wehte die Morgenluft lau,
und leise löste die Perle
sich von dem schwingenden Grün.
Es trank sie der Boden.
Ein Blümlein wird wohl nächstens dort erblühen.

ÜBERMUT VOM REBENSAFT

Wie hebst du den Mut, und wie frischst du den
Sinn,
du Lebenswecker, du Wein!
Der Sorgen graudüsteres Heer fährt dahin
vor deinem goldleuchtenden Schein.

Der göttliche Funke in menschlicher Brust,
durch deine Nacht flammt er empor.
Begeisterung jubelt in himmlischer Lust
hinauf zu der Sterne Flor.

Das Herz, das in Banden des Trübsinns gestöhnt,
es spottet der Erdenlast
und jauchzet in Höhen, die träumend gewähnt
nie kalte Vernunft erfasst.

Dann schlagen die starken Gemüter vereint
in fröhlichen, liebendem Bund;
und jedem, der treu es und ehrlich gemeint,
tut ewige Jugend sich kund.

Ihr aber, ihr matten Seelen, bleibt fern!
Ihr seid mir zu trocken und klug.
Mich ekelt's vor euren marklosen Kern.
Euch treffe des Weines Fluch!

VERHEISSUNG

(1921 gedichtet, 1937 als Requiem komponiert)

Unter dem grünenden Rasen
gehet der Frieden dir auf,
wenn nach dem törichten Rasen
stockte des Herzens Lauf.

Wenn in der Uhr des Sandes
letztes Körnlein verrinnt,
ledig des irdischen Bandes
Freiheit die Seele gewinnt.

Alle, die treulich beharrten,
finden nach Hause zurück.
Lerntest du nicht das Warten
hier auf des irdischen Glück.

Siehe, die Sonne wird scheinen
bis gegen Abend hin.
Mögest du so den Deinen
leuchtend vorüber einst ziehn.

VORFRÜHLING

Zur Nacht zog mit milden, lauen
Lüften der Frühling nun ein,
da mussten sich Bäche und Auen
schnell von dem Eise befreit.

Nun eilen die Wasser der Quellen
fröhlich dem Tal wieder zu,
und plaudernde, hüpfende Wellen
necken sich ohne Ruh.

Es strömt aus dem Boden der Erde
duftende Fruchtbarkeit;
dass Mutter sie wieder werde,
hält sie sich sehnend bereit.

Und goldene Strahlen der Sonne
fluten ein wärmendes Licht,
dass bald in schaffender Wonne
keimendes Knospen erbricht.

Inmitten so jungen Leben,
Seele, spürst du denn nichts?
Sieh, dir auch wurde gegeben
schaffende Wunder des Lichts.

Meiner Lucie
Zum 22. Februar 1954!

Tränen der Wehmut sah ich Dir glänzen im Auge
Du dachtest der Mutter,
grüsstest sie leise mit zartem Gedenken
Gönn' ihr die Ruh!
Gabst Du doch selber ihr Leben den Kindern
und hütetest ihre Enkelchen.
Wie vom Alter die Jugend entspriesst,
das malte uns niemand
inniger als unser Ludwig Richter.
Daran sollst Du Dich freuen,
drum sei Dir dies Buch zu eigen!

Dein Martin

Anmerkung: Lucies Mutter Frau Lina
Bertha Emilie Brust, geb. Grosmann,
starb am 13. IV.1941 in Plauen im Alter von 71 Jahren,

Gedichte von Andreas Jesch

Abgesang auf die letzte Frau

Was denkst du dass du bist!
Kommst hierher und erzählst vom Meer.
Hauptsache fein und schick,
machst du alles ordentlich mit.

Was denkst du dass du bist!
Kommst hierher und erzählst vom Meer.
Willst heute schon alles über morgen wissen,
dabei ist noch nicht mal gestern vorbei.

Was denkst du dass du bist!
Kommst hierher und erzählst vom Meer.
Du hast immer alle Probleme im Griff
und gehst nie einen Schritt zurück.

Was denkst du dass du bist!
Kommst hierher und erzählst vom Meer.
Für dich zählen im Leben Karriere und Rum,
aber deine Seele wird ärmer und stumm.

Was denkst du dass du bist!
Kommst hierher und erzählst vom Meer.
Du bist schon klug und charmant,
gehst aber viel zu selten am Strand entlang.

Was denkst du dass du bist!
Kommst hierher und erzählst vom Meer.
Aber deinem Geschmack von Männern,
den kannst du eh nicht mehr ändern.

Altersfragen

Mit zwanzig ist die Welt so einfach und glatt,
die Beziehungen laufen oder sind gleich wieder
platt,
das Bike und die Bands sind wichtig,
die eigene Meinung ist immer richtig.

Ab dreißig ist die Welt so fraglich und schön,
trotzdem wurden die Frauen nicht verwöhnt,
die Beziehungen wurden ernster und gemeiner,
aber das Ego ist so stark und an Verlust denkt
keiner.

Ab vierzig ist die Welt so abgeklärt und weise,
für viele gibt's noch Hoffnung und Preise,
viele begeben sich schon auf die letzte Reise
und der Rest bleibt für immer alleine.

Ab fünfzig habe ich keinen Text,
drum bleibe ich jetzt weg.

Atom was kannst du tun?

Ich sehe nur die beschissenen Einheiten
und spüre die ganzen Schwierigkeiten,
dazu verfickte Faschingszeiten
und ungewollte Sicherheiten.

Ich denke, also bin ich, Leolo...!
Ich denke, also kann ich etwas geben.
Ich denke, also werde ich auch nehmen.
Ich denke, also muss ich viel vergeben.

Was tun wir mit unserer Schuld?
Was könn' wir tun mit unsrer Last
Ich gehe weiter ohne Rast
und hoffe, andre haben auch noch Platz

Wie sie alle stehen und gaffen
und immer weiter Euros schaffen,
dabei aber nichts mehr raffen,
es bleiben nur geschönte Waffen.

Der Zug, wo fährt er hin?
Doch keiner ist mehr drin!
Für die meisten ist er eh schon lange fort
und der Rest bleibt in nem Wellness- Resort.

Wer will so leben?
Wer will für so ein Leben werben?
Lasst uns Haare und Klamotten färben
und mit Würde sterben.

Auf einem Bein

Montach war wie immer,
doch es kam mal wieder schlimmer.
Kaputt und allein,
war das Wochenende wieder fein.

Dienstach war O.K.,
konnte wieder grade stehn,
schnell nach Haus und ins Bett,
das Leben geht nur ohne Netz.

Mittwoch ist das Gefühl famos,
und ich fühl mich ganz groß.
Die Welt ist klar und gemein
und ich stehe nur auf einem Bein.

Donnerstach gibt's den ersten Sex,
das macht die Woche erst perfekt.
Die Frau geht nach Hause und schläft
und keiner weiß, warum das so geht.

Freitachs ist das Ego völlig unbefleckt
und jeden zieht's wieder in den Dreck.
Alle rennen in den bunten Trubel
und keiner ahnt den großen Strudel.

Am Sonntach dann total entnervt,
sind alle Gläser endlich geleehrt,
die Gespräche sind verstummt,
kommt die Sonne aus dem Sumpf.

Berlin, Berlin

Bist gebaut auf vielen Pfählen
und verbrauchst so viele Seelen.
Berlin, du bist mein großer Trost,
zu dir sag ich am liebsten Prost.

Du hast so viele dunkle Ecken,
bei dir kann ich mich so gut verstecken.
Komm ich dann nach Haus am Morgen,
bin ich frei und ohne Sorgen.

Du kannst so viel vertragen,
Selbst die Sachsen und die Schwaben,
und am Käthe Kollwitz Platz
machen nur die interessanten Leute Rast.

Bunte Vögel, heilige Huren und harte Trinker,
alte Eisen, kleine Punks und Schmuddelkinder,
junge Macher, Prolls und graue Hippies
machen dich zum großen Paradies.

Ich war in Dublin, Brüssel, Zürich, Metz,
schlief in Hamburg, Prag, Paris und Brest,
sagte Hallo in Bergen, Porto, Budapest
und in Cognac, Belfast, Amsterdam, waren alle
Lampen an.

Ich weiß, du wirst dich immer weiter dreh'n
ob wir nun hier sind oder weiter geh'n.
Und egal wie viele dich noch seh'n,
ich werde immer bei dir steh'n.

Das Bild das schon so lange hängt

Wann immer ich sitze am Tisch,
sehe ich deinen schönen Blick,
denk an die fantastischen Stunden
und krieg sie nie mehr zurück.

Die Ratten verlassen das verbeulte Schiff,
die Frauen gehen ans langweilige Ufer zurück,
der Storch steckt den Kopf in den Sand
und ich steh mit dem Rücken an der Wand.

Mein Herz ist wie ein Treibholz ohne Strand,
das von einer Welle zur nächsten gelangt,
doch alles ohne Sinn und Verstand,
an der Insel der Glücklichen immer fein
vorbeigeschrammt.

Das Wort zum Montag

Ich weiß nicht, wohin ich mein Leben lenke,
ich weiß nur, dass ich ständig an dich denke,
und nachts bin ich nur noch wach,
denn ich habe den Blues der Nacht.

Weil ich immer nur ans Ficken gedacht,
habe ich die wichtigsten Dinge verpasst,
die letzten zwanzig nichts anderes gemacht
als gesoffen, getanzt und gequatscht.

Das Leben, ist alles nur kein Spiel
und Jesus verzockt zu viel,
die Welt ist eine arme Samenbank
und Gott ist unser großer Punk.

Der Wanderer

Ich bin seit 48 Jahren ein Wanderer,
der am liebsten in Gedanken
die Sterne besucht
oder mit dem Rad
weit vom Weg abkommt,
um barfuss am endlosen Strand
im Meer der Sehnsucht
den Bernstein zu suchen.

Bist du der Bernstein?

Einfache Fragen

Wie kann ich lieben, ohne zu hassen?
Wie kann ich hassen, ohne zu lieben?
Wie kann ich denken, ohne zu fühlen?
Wie kann ich fühlen, ohne zu denken?

Wie kann ich träumen, ohne zu weinen?
Wie kann ich weinen, ohne zu träumen?
Wie kann ich hinsehen, ohne wegzusehen?
Wie kann ich wegsehen, ohne hinzusehen?

Wie kann ich gerade gehen, ohne zu stolpern?
Wie kann ich stolpern, ohne gerade zu gehen?
Wie kann ich sprechen, ohne zu denken?
Wie kann ich denken, ohne zu sprechen?

Wie kann ich verstehen, ohne zu fragen?
Wie kann ich fragen, ohne zu verstehen?
Wie kann ich leben, ohne zu sterben?
Wie kann ich sterben, ohne zu leben?

Frauen aller Länder...

Wie soll mann die Gedanken verstehen?
Was wollen diese Augen sehen?
Warum möchten Frauen lieben?
Weshalb die ganzen Lügen?

Sie können schön und viel erzählen,
dem einen dies, dem anderen das,
und obwohl es nicht zusammenpasst,
kriegst du viel zu schnell den Pass.

Gestern noch die große Liebe
und heute schon die neuen Triebe,
keine Zeit um zu vergessen,
nur ganz schnell in andere Fesseln.

In vino veritas

Da liegt die Wahrheit auf dem Grunde
Und es schmeckt tief drinnen im Munde.
Angepflanzt an vielen Hängen,
liegt die reife Frucht in meinen Händen.

Der Wein, mit so viel Liebe und Sorgfalt bedacht,
gebt mir ja immer auf die Frauen Acht!

Novembernächte

Die Tage sind so kalt
und nachts fühl ich mich so alt.
Manchmal hilft ein schlechter Wein
mit und ohne roten Schein.

Vertrauen geben, Vertrauen empfangen,
das ewige Leiden der ewig Verdammten.
Wie komm ich raus aus diesem Tunnel?
Wie komm ich rein in den vermeintlichen Himmel?

Leben entsteht, Leben vergeht,
nichts geht so, wie wir es verstehen.
Nur immer hart am Limit entlang
bis zum letzten Sonnenuntergang.

Schwarzes Loch

Die Nacht ist ganz klar,
meine Gedanken sind so wahr,
der schwarze Himmel mit den leuchtenden Sternen
ist wie die Erlösung der täglichen Schmerzen.

Was hilft die Schönheit der Nacht,
wenn bei Tag alle Liebe zerplatzt,
dann sind wieder alle ganz grau
und die Träume vergehen im Morgentau.

Alle wollen nur das Beste,
aber jeder bekommt nur die Reste
von allen Tragödien und Lieben,
mit denen wir uns täglich bekriegen.

Sehnsucht

Man glaubt alles zu wissen
und weiß doch eigentlich nichts,
jeder sucht nach vielen Küssen
und landet doch im Nichts,
alle tun sich gegenseitig weh
und der Wind weht eisiger denn je.

Keiner hat mehr Mut,
nur die Yuppies fühl'n sich gut,
drum will ich wieder fühlen
und dich in meinen Armen spüren,
glaub mir, wir sind nicht allein,
solange wir Gefühle teilen.

Der Nebel der Nacht
macht alle hellwach,
im Kopf Bukowski und Bier,
werd ich noch irre hier,
drum werd ich nicht mehr fluchen
und dich immer weiter suchen.

Und wieder dieser Schmerz

Wenn ich an dich denk,
wird mein Herz heiß und eng,
vor vielen Stunden hatte ich den Garten der Lust,
jetzt bleiben nur noch die Hölle und Frust.

Das Leben ohne dich
Ist wie das Meer ohne Gischt,
du bist der Bernstein im Sand
und ich habe dich nicht erkannt.

Ich möcht' so gern an deinem Rücken liegen
und dir Vertrauen und Liebe schenken,
mir bleibt nur an dich zu denken
und mir ist, als müsst' mein Herz zerspringen.

Doch ich hab dir zu oft wehgetan
und hab alle Chancen blind vertan,
ich hab so ein Verlangen
und bin in mir gefangen.

Weinen um S.

Ich weine um meine Kleine,
denn ich fühl mich so alleine,
ich sitze im dunklen Zimmer und rauche
und ich fühle, wie sehr ich dich brauche.

Die Nacht wird zum Tag
und der Tag wird zur Nacht,
wie so oft habe ich alles verkehrt gemacht,
du warst so oft allein und ich hab dich nur
ausgelacht.

Es macht mich wirklich krank,
bist du nicht an meiner Hand,
Schuhe und Mantel ziehe ich nicht mehr aus,
liege nachts allein im Bett und wache jede Stunde
auf.

Wo bleiben Vernunft, Mut und Triebe?

Urgesellschaft, Sklaverei und Meuterei
Feudalismus, Mittelalter, Arschkriecherei.
Revolution, Korruption und Reservation,
Diktatur, Demokratie und Aversion.

Die Welt, sie ist ein Freudenhaus
und keiner kriegt mehr eine Faust.
Lobbyisten drehn am großen Rad
und der Staat bestaunt die schlechte Saat.

Sind die Speichellecker der Wirtschaft erst am
Werk,
wird die Gesellschaft nur verklärt.
Die Gier macht alle geil und blind
und Menschenrechte versinken im Absinth.

Niemand denkt an Widerstand,
Gehorsamkeit ist Pflicht in aller Land.
Hauptsache die Untertanen kriegen Dosenpfand,
das ist zuviel für meinen Verstand.

Was mich glücklich macht

(einfach mal optimistisch gesehen, vom 24.12.2013)

Offenbar scheint der Mensch zur Reflexion in der
Lage, wobei mich der uns täglich umgebende
Wahnsinn eher zu dem Gedanken führt, dass
diese Fähigkeit recht unterschiedlich bei unserer
Spezies ausgeprägt sein muss.

Ich schließe meine Augen

und stelle fest, dass ich keinen Durst und keinen
Hunger erleiden muss und ich in einer bezahlbaren
Unterkunft lebe

und ich Gewissheit habe, dass meine Familie
füreinander einstehen wird

und spüre, dass ich in einer erfüllten Partnerschaft
leben kann, Liebe geben und empfangen kann

und ich die Möglichkeit habe, freie Entscheidungen
treffen zu können und ich nicht an der globalen
Verdummung der sogenannten zivilisierten
Menschen teilnehmen muss

und ich weiß, dass mich meine besten Freunde an
bunten und schwarzen Tagen in die Arme nehmen
werden

und fühle, dass ich keine schmerzvollen
Krankheiten habe

und weiß, dass ich nur ein kleiner Teil der ganzen
Erde bin und ich Hüter für die nächsten
Generationen sein muss

und ich lache an jedem Tag des Lebens und ich
möchte Lachen verschenken, soviel ich vermag,
denn darin liegt auch eine wahre Stärke

und ich freue mich, dass so viel Schönheit um
mich herum ist, dass unsere Welt so vielfältig ist
und ich den Regenbogen nicht einfangen kann

und bin froh, dass mir die Suche nach dem Sinn
des Lebens keine Angst mehr macht

und ich finde es bemerkenswert wie es möglich ist,
dass Träume mich durch die viel zu kurzen Nächte
begleiten können

und ich möchte so leben, wie nur ein langer
unruhiger Fluss dahin fließen kann.

Friede auf Erden